U0743130

[美] 吴军 著

给孩子的
人类文明史

8

童趣出版有限公司编　人民邮电出版社出版
北京

图书在版编目（CIP）数据

给孩子的人类文明史 . 8 /（美）吴军著；童趣出版
有限公司编 . -- 北京：人民邮电出版社，2023.5
ISBN 978-7-115-60427-9

Ⅰ.①给… Ⅱ.①吴… ②童… Ⅲ.①文化史 – 世界
– 少儿读物 Ⅳ.① K103-49

中国国家版本馆 CIP 数据核字（2023）第 017095 号

著作权合同登记号　图字：01-2022-4731

著　　　　：[美]吴军
责任编辑：王敬栋　段亚珍
责任印制：李晓敏
美术设计：木　春　李新泉

编　　　　：童趣出版有限公司
出　　版：人民邮电出版社
地　　址：北京市丰台区成寿寺路 11 号邮电出版大厦（100164）
网　　址：www.childrenfun.com.cn

读者热线：010-81054177
经销电话：010-81054120

印　　刷：鸿博睿特（天津）印刷科技有限公司
开　　本：787×1092　1/16
印　　张：3.75
字　　数：70 千字
版　　次：2023 年 5 月第 1 版　2023 年 5 月第 1 次印刷
书　　号：ISBN 978-7-115-60427-9
定　　价：33.00 元

前言

中世纪的欧洲及同时期的其他地区

476 年，西罗马帝国灭亡，西欧进入封建社会，标志着欧洲"中世纪"的开始。自给自足的封建庄园盛极一时，随后城市重新兴起，大学纷纷建立。中世纪是承上启下的时代，既承接了欧洲古典时代，又为欧洲文艺复兴和地理大发现奠定了基础。

同时期，阿拉伯半岛出现了一个横跨亚、欧、非的大帝国。大约从 8 世纪到 13 世纪的 500 年是阿拉伯文明的黄金时代。在这段时间里，阿拉伯帝国的艺术家、科学家、工程师、学者、诗人、哲学家等人才辈出，他们继承了古希腊、古罗马的文明成就，促进了各学科的全面发展，并且在中世纪后期将文明重新传回了欧洲。

目 录

第一章 中世纪的欧洲

欧洲古典时代的尾声

罗马帝国开国之初，统治者采取拟制血亲继承制来延续皇位。在这种制度下，大多数皇帝都会将一位贤能的人才收为养子，之后对其加以多方面的培养，以保证帝国的政治清明。

2 世纪末到 3 世纪初，罗马帝国有两任皇帝破坏了这种继承制，他们把皇位传给了自己的亲生儿子。177 年，奥勒留将亲生儿子康茂德指定为共治者和继承人。大约 30 多年后，塞维鲁把皇位传给了亲生儿子卡拉卡拉和盖塔(不久后，被卡拉卡拉杀害)。康茂德和卡拉卡拉是罗马历史上有名的昏庸皇帝，他们的统治在一定程度上加重了战争和内乱问题，致使罗马帝国走向衰落。

395 年，罗马帝国在经历长久的内乱之后，最终分裂为东罗马帝国和西罗马帝国。

东罗马帝国的首都君士坦丁堡，曾名拜占庭，因此东罗马帝国又被称为"拜占庭帝国"。那里的地形便于防守，政权延续了上千年。

西罗马帝国不断遭受周边"蛮族"的侵略，政权延续了不到 100 年。

康茂德：皇帝与元老失去对国家的控制

康茂德（161—192 年）治理国家的能力不足，他选用官员时不考虑对方的才能，只考虑对方跟自己的关系是否亲密。康茂德任用的一些官员不仅不为治理国家出力，还常常欺压百姓。

▲ 康茂德

在罗马帝国，皇帝和元老院原本互相制约，共同协作。但是，康茂德不把元老们放在眼里，坚持以自己的方式任用官员，甚至排挤、迫害元老们，导致老牌贵族强烈不满。192年12月31日深夜，康茂德被暗杀。

自那时起，罗马各地内乱频发，社会动荡不安。统治者依靠军事力量解决内乱，而将军也因此拥有越来越强大的实力。到了后来，几位将军先后夺得皇权，登上皇帝的宝座。然而，他们并不具备统治能力，难以控制庞大的帝国。

▲ 卡拉卡拉

卡拉卡拉：敕令引发新问题

卡拉卡拉（212—217年在位）原名安敦尼努斯，他的名声很差，所以被后人起了"卡拉卡拉"这个听起来滑稽好笑的外号。

卡拉卡拉的父亲塞维鲁在位期间，提高军饷，优待士兵，建立军事独裁统治。据说，他临终前向卡拉卡拉提出忠告："尽量让士兵们发财，其余的人可以不管。"

212年，卡拉卡拉颁布敕令，宣布罗马帝国境内所有出身自由的男性都拥有完整的罗马公民权（这项敕令颁布之前，只有意大利半岛等地区的少数贵族拥有完整的罗马公民权，其他人只有拉丁公民权一类的有限权利，有的人甚至没有公民权），史称"卡拉卡拉敕令"。

在卡拉卡拉看来，这道敕令能扩大税源，使帝国境内一切自由民都和罗马公民一样负担遗产税和其他捐税。

敕令表面上是在解决财政空虚问题，实际上，它消除了意大利人和各行省居民的差别，提高了海外行省的地位。

有些将军实力很强，但他们不是罗马公民，因此不能当皇帝。在卡拉卡拉颁布敕令之后，这些将军得到了夺取皇位的机会。

3世纪，罗马帝国的将军制造了多次内乱，使罗马帝国陷入长期的政治、经济大危机，史称"3世纪危机"。这场漫长的危机为之后罗马帝国的分裂埋下隐患。

周边"蛮族"的侵略

近年来，随着自然科学的发展，历史学家们开始重新审视环境因素和流行性疾病在罗马帝国衰亡过程中的重要作用。据气候学家分析，公元前200年到公元150年左右，全球气候特征以温暖湿润为主，罗马帝国的农业发展良好，国力也因此强盛。当时的历任统治者主张打击周边民族，扩大国家疆土。

后来的400年中，全球气温降低，罗马帝国的农业收成屡屡歉收，引发了严重的粮食短缺问题，国力有所衰退。为了摆脱生存困境，许多罗马人搬迁到南边的温暖地带。与此同时，东部、北部的多个"蛮族"也因气候变化而南下入侵罗马帝国。

日耳曼人是生活在罗马帝国北方的"蛮族"，他们分为许多不同的部落。罗马帝国国力强大时，一些日耳曼人成为罗马同盟者，为罗马帝国守卫边疆。罗马帝国分裂之后，几支日耳曼部落从不同的方向入侵西罗马帝国，建立了多个王国。

瘟疫暴发

气候变化不仅带来了粮食短缺和外敌入侵问题，还带来了瘟疫。在罗马帝国，气候变化导致人们无力应对流行性疾病，各地总共暴发了两次比较大的瘟疫。与此同时，当地的城市发展水平则加重了瘟疫带来的后果。

当时，罗马人的城市建设技术可以说是相当高明，但在今天看来，罗马城里的许多公共设施都存在缺点，比如供水系统不卫生，给瘟疫病毒产生和传播创造了条件；城市里的住宅非常密集，因此疾病传播迅速。

2世纪中期，罗马帝国暴发了安东尼瘟疫。100年后，帝国境内暴发了塞浦路斯瘟疫，两场瘟疫给罗马帝国带来了巨大的灾难。

在内乱不断、"蛮族"入侵、气候变化和瘟疫等多重因素的影响下，罗马帝国分裂成了东西两部分。

476年，西罗马帝国灭亡，欧洲从此进入中世纪。中世纪又称"中古"时代，这一历史阶段始于476年西罗马帝国的灭亡，至15世纪末大航海时代，其间历史有千年之久。为了方便研究，人们通常把它划分为早期、中期和晚期三部分。

中世纪是承上启下的时代，既承接了欧洲古典时代，同时也为以后的文艺复兴和地理大发现奠定了基础。

▼ 瘟疫

基督教的兴起

基督教是世界三大宗教之一，对欧洲社会的发展产生了重要影响。

1世纪，在罗马帝国统治下的巴勒斯坦地区，犹太人创建了基督教。犹太人长期遭受苦难，渴望"救世主"的到来。传道者宣传说，耶稣就是"救世主"。在希腊语中，"救世主"被称作"基督"，于是信仰基督的宗教被称作"基督教"。

基督教认为，人生来有罪，而且无法自救，只有信奉基督教的人才能得到救赎，并在离世之后进入天国。

1世纪到4世纪，罗马帝国一派乱世景象，穷人们因此信仰基督教，以求得到救赎。由于百姓崇敬上帝，却不崇敬皇帝，统治者对基督教进行了打压。后来，罗马帝国的国力持续衰退，一些有地位的贵族也成了基督教的信徒。313年，罗马帝国统治者君士坦丁大帝颁布了"米兰敕令"，宣布罗马人拥有信仰基督教的自由。4世纪末，基督教被确定为罗马帝国的国教。395年，罗马帝国分裂后，西欧地区和拜占庭帝国都延续了这个信仰。

基督教中，神职人员被通称为"教士"，离家入修会的女教徒被称作"修女"。罗马帝国境内，不同地区有各自的主教。4世纪之前，罗马城是罗马帝国唯一的首都，那里的大主教地位最高。

▼ 坎特伯雷大教堂

在基督教早期的发展过程中，教皇格列高利一世起了重要作用。

593 年，伦巴第人侵犯罗马城，格列高利一世采取了劝说的方式，保护罗马城免于战乱。针对西欧和北欧的"蛮族"，格列高利一世派出多位传教士（传播教义的宗教人士），将基督教在那里推广开来。

坎特伯雷的圣奥古斯丁是当时的传教士之一，他将基督教传播到了不列颠群岛的肯特王国。肯特国王对他的到来表示欢迎，批准他和随行人员在坎特伯雷修建大教堂（举行礼拜和主要宗教仪式的场所）。后来，许多日耳曼人开始信仰基督教，在各地建立起多座修道院（修习宗教的场所）。

在中世纪，西欧和拜占庭帝国的基督教在教义和仪式等方面产生了区别，分成了东西两派。到了 11 世纪，基督教会正式分裂，基督教从此分为影响西欧的天主教和影响拜占庭帝国的东正教。随后，东正教在东欧、高加索等地区传播开来。

欧洲各国的发展

法兰克王国：从采邑制到封建制

罗马帝国统治末期，日耳曼人中的法兰克部落发展壮大，他们来到高卢北部定居，曾作为罗马帝国的同盟者抵抗过匈奴大军的进攻。在罗马帝国分裂后，法兰克人逐步占领了高卢大部分地区。

法兰克部落长期居住在罗马帝国境内，因此比其他"蛮族"的文化发展水平更高一些。法兰克人学习了罗马帝国的政治制度，逐渐统一了其他几个部落，在 481 年建立了法兰克王国。随后，法兰克王国颁布了用拉丁文写成的法兰克法典——《萨利克法典》。

随着疆土逐步扩张，法兰克王国占领了许多原属罗马帝国的国有土地和没有主人的土地，于是统治者成了最大的地主。8 世纪前期，法兰克王国的宫相查理·马特（约 688—741 年）提出了一项改革政策，主张把土地连同居住在土地上的农民一起分封给亲信、贵族和有军事功劳的将领，受封人必须宣誓效忠君主，战争时提供经过训练和有装备的兵员，并承担其他徭役的征用。

查理·马特创立的这项土地所有制被称作采邑（càiyì）制，"采邑"一词的原意是恩赏。

那些获得采邑者成了拥有土地的贵族，他们有时会把得到的采邑分给下属。当然，下属还可以对采邑进行再次分配。

▲ 查理·马特

在相邻的两个贵族等级中，上层是领主，下层则是附庸。但连国王都必须遵循"我的附庸的附庸不是我的附庸"的原则，意思是领主无法跨越等级下达命令，而附庸也无须服从直接上级以外的领主。通过采邑制的确立，法兰克王国的统治者用土地换取军事支持，而且无须派遣众多官员到地方，管理国家的方式相对简单。

领主在自己的土地上拥有行政权、司法权、财政税收权等权力，这些权力并称为"特恩权"，意思是上级领主特别恩赐的权力。正如国王是整个国家的最高统治者，领主也是一方领地的最高统治者，他们拥有土地、封号和权力，相当于在王国之中又有多个小国。出于这种原因，采邑制被看作是一种封建制度。

法兰克王国的鼎盛时期，疆土跨越了今天的法国、德国西部、意大利北部等地，而采邑制也因此被普及到了西欧各地区。

采邑原本不能世袭，不过到了9世纪以后，领主能在其领地内实行世袭制，他们的继承人通常是自己的儿子。

墨洛温王朝与加洛林王朝

法兰克王国共有两个王朝，即墨洛温王朝（481—751 年）和加洛林王朝（751—843 年）。

克洛维一世是法兰克王国的开国者，出生于墨洛温家族，因此由他建立的王朝被称为"墨洛温王朝"。

751 年，法兰克王国的宫相，同时也是查理·马特的儿子丕（pī）平（714—768 年），在教皇和贵族的支持下推翻了墨洛温家族的统治，建立了加洛林王朝。

▲ 丕平

丕平的继任者是查理大帝（约742—814年，又称查理曼），他征服了许多地区，建立了西至比利牛斯山脉，东至多瑙河上游的庞大版图。800年，查理大帝被教皇加冕为"罗马人的皇帝"，权力达到巅峰。

小知识

扑克牌上的国王

扑克牌是一种常见的国际纸牌，其中的纸牌K代表"国王（King）"。人们一般认为4种花色的K代表着历史上4位大名鼎鼎的国王，而红桃K代表的就是法兰克王国的查理大帝。

相传，查理大帝曾命人给自己在木板上雕刻浮雕人物像，但工匠不小心把这幅作品中国王嘴上方的胡子刮掉了。因此，红桃K上的国王嘴上方没有胡子。

▲ 查理大帝

法兰克王国的分裂：德意志、意大利和法兰西 3 个国家的雏形出现

843 年，查理大帝的孙子罗退尔、日耳曼路易和秃头查理共同签订了《凡尔登条约》，把法兰克王国的领土自东向西分为 3 部分，从而奠定了德意志、意大利和法兰西 3 个国家的雏形。

总体来说，法兰克王国是中世纪西欧最强大的国家之一，长期影响着西欧的发展。在法兰克王国的采邑制下，每个得到封地的贵族都掌握着很大的权力，如同自己领地上的"国王"。受这一制度的影响，西欧至今仍然有许多面积不大的国家。

神圣罗马帝国的诞生

德意志王国加洛林王系于 911 年告终。919 年，德意志王国开启萨克森王朝。936 年，奥托一世（912—973 年）被推选为国王，他积极加强中央集权，长期进行对外扩张，是当时欧洲实力最强的君王。962 年，奥托一世被教皇加冕为皇帝，取得"神

▲ 奥托一世

圣罗马皇帝"称号，成为罗马天主教世界理论上的最高世俗统治者。从此以后，德意志王国在中世纪也被称为"神圣罗马帝国"。实际上，神圣罗马帝国面积有限，统治者也不是罗马人，跟罗马帝国没有太大的关联。

奥托一世常常为处理政务奔走，每到一地就住在当地的皇帝行宫（帝王出行时居住的宫室）中。在奥托一世之后，神圣罗马帝国的历代统治者都有自己偏爱的生活地点，因此国家没有固定的首都。

神圣罗马帝国初期，在皇位方面以王位世袭制取代了选举制，但选举制的传统一直被保留。1257 年，出

现了由 7 位最有权势的贵族选举产生新皇帝的情况。7 位贵族被称为"选帝侯",拥有选举皇帝权力的地区则被称为"选侯国"。一个贵族被选为国王之后,必须经过教皇加冕才能成为合法正统的皇帝。

北欧:维京时代

8 世纪末,生活在欧洲北部的维京人以抢劫沿海地区百姓的财物为生,有时也进行贸易活动。8 世纪末到 11 世纪中期,维京人(别称北欧海盗)各部落不断侵扰欧洲各国,这一时期被称作"维京时代"。

在维京时代,西欧各地处于分裂割据状态。诺曼海盗侵袭西欧的一个特点,就是形成移民活动,定居下来。诺曼人(维京人的一支)在今法国北部的诺曼底地区站稳了脚跟。此外,还有大批维京人在不列颠群岛定居,并逐渐和当地居民融合。

▼维京人在海上

英格兰：诺曼王朝与金雀花王朝

英格兰原本是罗马帝国疆土的一部分，后来被盎格鲁－撒克逊人（日耳曼人中的一支）所统治。1066年以后，诺曼人结束了盎格鲁－撒克逊人对当地的统治，开启了新的历史阶段。

诺曼人早期常在沿海抢劫财物，后来在法兰西王国的西北部建立了诺曼底公国。1066年，诺曼底公爵威廉一世得到多方支持，率领军队向英格兰发起征服战。他们打败了盎格鲁－撒克逊人，史称"诺曼征服"。

威廉一世随即在英格兰建立了诺曼王朝，他在政治上用封建制度管理国家，重用诺曼人并将土地分给他们。文化方面，英格兰曾先后被罗马人和盎格鲁－撒克逊人统治，诺曼人又将法语和法兰西王国的生活习俗带到了那里，因此当地拥有多种文化元素。英格兰是今天英国领土的主要部分，现在人们使用的英语仍然有大量词汇来源于法语，这正是诺曼王朝带来的影响。

◀ 征服者登陆英格兰

1154 年，亨利二世继承王位，由于亨利二世的父亲原为法国安茹地区（位于今天的法国西北部）的伯爵，所以诺曼王朝更替为安茹王朝。传说，亨利二世的父亲喜欢在帽子上装饰黄色的金雀花枝，因此人们把安茹王朝也称作"金雀花王朝"。

诺曼王朝和金雀花王朝都面临的一个问题是国内贵族不断发起反抗。约翰国王是金雀花王朝的第三位国王，他非常好战，却总是战败。他粗暴地剥夺贵族们的封土继承权，而且还加征额外捐税，所以引发贵族们的不满。另外，他还跟教皇产生了争执，最终导致自己威信扫地，无法应对贵族制造的内乱。

1215 年 6 月，约翰国王不得不同意与贵族们进行会谈，双方签署了一部以和平条约为内容的宪章（法令文件）——《大宪章》。在这份文件中，约翰国王同意了政治改革和调整赋税等多项要求。

为了防止约翰国王反悔和保障《大宪章》的有效实施，第 61 条规定，由 25 名贵族领主组成委员会负责监督约翰国王推行宪章中的各项条款。他们随时可以召开会议，能够否决国王下达的命令，必要时还可以占领国王的城堡、土地和财产。

约翰国王和贵族们签署文件之前，英格兰统治者的王权相对集中强大。而在《大宪章》签署以后，国王的权力受到了贵族的约束。实际上，这部文件在一定程度上被认为是英国立宪政治的基础，对西方各国产生了深远的影响。

拜占庭帝国的繁荣与衰落

拜占庭帝国曾经历多次繁荣和衰落，它对基督教、希腊罗马的古典文化传统，以及西亚、北非等东方文化兼收并蓄，创造出独特的拜占庭文化，对周边的世界产生了极大的影响。

拜占庭帝国虽然一直受到外来势力的威慑和内部力量的困扰，但仍延续了一千多年。那里是欧亚贸易的关键地区，商业带动了经济和文化的发展。

9世纪末到11世纪中叶，拜占庭帝国发展到黄金时期，国力十分强盛。当时，东欧平原上的基辅罗斯深受拜占庭帝国的影响。

13世纪到15世纪，拜占庭帝国面临着经济和军事两方面的问题。经济方面，威尼斯共和国逐渐发展壮大，与拜占庭帝国形成竞争关系。军事方面，奥斯曼人兴起，他们建立起奥斯曼帝国，不断地侵扰拜占庭帝国的东北部边境，逐步蚕食小亚细亚和巴尔干地区。拜占庭帝国的统治者无法有效地解决问题，国家由此走向衰落。

拜占庭帝国后期，国家疆土面积越来越小，各地建立起的独立政权演变为了今天欧洲一些国家的前身。1453年，奥斯曼帝国攻破君士坦丁堡，拜占庭帝国灭亡。

▲ 拜占庭帝国时期的金手镯

查理大帝和加洛林文艺复兴

从 8 世纪到 9 世纪，查理大帝和他的继任者们大力发展法律、文学、艺术等学科，推动了恢复教育和古典文化的"加洛林文艺复兴"。这场文艺复兴运动改变了中世纪文明发展缓慢的状况，有学者将其称为"欧洲的第一次觉醒"。

查理大帝即位之前，西欧大地上的战乱局面基本结束，社会生活恢复平静。当时欧洲人的文化水平十分有限，除了教士以外，识字的贵族和平民很少，哪怕是查理大帝本人也没有受过学校教育。

为了推动文明发展，查理大帝派人创建了多座教会学校和修道院，并邀请各地优秀学者前往当时法兰克王国的首都亚琛开展研究。在查理大帝的支持下，学者们对西欧文化的发展做出了以下几方面的贡献。

收集与抄写古代典籍

几个世纪的战争之后，古希腊和古罗马的著作散失各处，不再流传。查理大帝召集学者们四处寻找这些典籍，并对其加以整理。屋大维统治时代的历史学家提图斯·李维著有典籍《罗马史》，这本书是重要的历史学研究资料，却因战乱而失传。据说，查理大帝请学者找到了《罗马史》，把它保存在图书馆中。

开办学校，培养人才

大约 800 年时，查理大帝下令要求教堂和修道院开办学校，并设立图书馆。学者们不仅编写了教科书，还制定了教学标准。

在初等学校中，老师和学生使用拉丁文，课程内容则是"七艺"——文法、修辞、逻辑（中世纪时人们称逻辑为辩证法）、算术、几何学、天文学和音乐。

查理大帝请来的学者中大约有 30 名修女，她们开创了中世纪的妇女教育。在众多学者的努力下，法兰克王国形成了崇尚文化研究的风气。

规范拉丁文和地方语言

罗马人使用的拉丁语在语法上不够规范，人们有时无法确切理解彼此的意思。为了解决这一问题，查理大帝要求学者们对古典拉丁语进行改革。

著名学者阿尔昆和他的学生参与了这场改革，他们把拉丁语发展为非常严谨的语言，使每句话的意思都唯一且明确，便于人们交流。他们还提出了拉丁文书写规范，比如句子开头字母需要大写，句子结尾以句点作为结束，等等。

在改革拉丁语的同时，学者们还规范了各地区的民族语言，这些语言相当于各地的方言，后来演变为今天的法语、意大利语、葡萄牙语和西班牙语。

发展音乐艺术

中世纪时，基督教的传播带动了音乐艺术的发展。基督教传播早期，传教士们以边走边唱的方式传扬教义。到了 8 世纪和 9 世纪，基督教发展出庄严华丽的格列高利圣咏。

为推动基督教音乐的发展，查理大帝创办了歌唱学校，并邀请罗马的歌唱家开展研究和教学。

▶ 修道院

▼ 亚琛大教堂

发展建筑艺术

查理大帝推崇古罗马和拜占庭帝国的建筑艺术，由此形成了法兰克王国的罗马式建筑风格。查理大帝派人在亚琛修建了著名的亚琛大教堂，这座建筑至今仍然屹立于世，拥有超过1200年的历史。

亚琛大教堂有厚实的墙壁、粗大的角柱、窄长的窗户和圆形的拱顶，给人以雄浑庄重的印象。

总体来说，加洛林王朝没有直接复制古罗马的文明，而是融合了古罗马、日耳曼人和基督教的文化元素，形成了独特的中世纪欧洲文化。

加洛林文艺复兴延续了欧洲文明的发展，为后来的意大利文艺复兴奠定了基础。

小知识

加洛林手写字体

阿尔昆和他的学生制定了一种标准书写体，即"加洛林手写字体"。这种字体整齐美观，方便人们学习和辨认，对文化的发展产生了深远的影响。

▲a 的加洛林手写字体

大学的出现

今天，全世界范围内的大学教育普及率已经很高，而对于中世纪中期的欧洲人来说，大学才刚刚诞生。

11世纪以后，古希腊、古罗马和阿拉伯帝国的著作传播到欧洲，许多西欧学者就此开展相关研究和学习。1088年，学者们成立了博洛尼亚大学，进一步翻译和学习各类外国著作。但是，当时的西欧领主权力很大，常常干扰学者们做研究。1158年左右，神圣罗马帝国的统治者腓特烈一世签订了"学术特权"文件，化解了学者和领主之间的矛盾，给予大学一定的自治权。

在这份文件中，最重要的有这样4项内容：

1.大学人员有类似于神职人员才有的自由和豁免权。

2.大学人员有为了学习自由旅行和迁徙的权利。

3.大学人员有免于因学术观点和政见不同而受报复的权利。

4.大学人员有权要求由学校和教会而不是由地方法庭进行裁决的权利。

12世纪以前，英格兰本土尚未成立大学，当地一些学生会去法兰西王国的巴黎大学求学。

1168年，英格兰留学生们回到家乡，在本地学校的基础上建立起著名的牛津大学。1209年，牛津大学的师生因一场冲突而被迫离开学校，他们后来在伦敦的郊区新建了一所大学，这所学校就是同样闻名于世的剑桥大学。这些早期大学的自治，依靠的是宗教神权。只有不讲授天神论和异端学说，这些大学才可以由自己管理。

中世纪晚期，西欧的大学数量增长，学术研究水平提升，为后来的文艺复兴和地理大发现奠定了基础。

无论是博洛尼亚大学，还是后来的巴黎大学、牛津大学和剑桥大学，中世纪的大学普遍具备独立的司法权，学校里的师生能够避免受地方领主的干扰，拥有开展研究和提出观点的自由。

那么，中世纪大学的学生是如何开展学习的呢？

他们一般先学习基础课程，也就是前文提到的"七艺"。之后，学生们会对专业课程展开研究，他们能够选择的课程有文学、法学、医学和神学等。

▼ 博洛尼亚大学

中世纪西欧的社会生活

西欧封建社会等级

在中世纪早期和中期，封建社会有4个阶层等级，也就是最高统治者、领主、骑士和农民。

最高统治者可能是国王，也可能是皇帝。在一些公国或侯国（领地）之中，公爵或侯爵是当地的最高统治者。

领主一般是有世袭爵位的贵族，拥有公爵、侯爵、伯爵、子爵等封号。

骑士是贵族中的最底层，没有爵位，但有封地和荣誉称号，靠战功而非继承获得。

贵族家庭中，孩子们自七八岁时起外出接受教育，学习责任、美德和社交规范。一般来说，贵族子弟要接受格斗和骑马等军事训练，还要学习跪拜礼等礼仪，以及跳舞等才艺。

贵族子弟长大后会成为领主儿子或王子的随从，为上一阶层提供保护和服务。他们大约在21岁时会经过一系列考验，之后就能被封为"骑士"。

农民的生活负担重，他们占人口的大多数。

▲ 册封骑士

中世纪西欧城堡内外的生活

罗马帝国晚期到中世纪早期社会动荡，许多古希腊、古罗马的城市遭到了破坏，人们被迫迁移到乡村。贵族阶层在乡村修建起一座座城堡，平民多生活在城堡附近。当时，城堡代替城市成为社会中心，通常具备3种功能。

第一，城堡是军事堡垒，易守难攻，可以保护贵族的生命和财产不受损害。

第二，城堡是政治和经济中心，贵族在领地内拥有政治权力，农民会在附近居住，周围逐渐出现一些集市和作坊。

第三，城堡是避难所，当"蛮族"强盗或敌人军队进攻时，农民可以躲进城堡，并帮助领主一同守城。

中世纪的城堡外是大片的庄园，农民在那里种田。庄园中有住宅、磨坊、仓库、牲畜圈棚等建筑物。这些建筑物通常比较简陋，有些农民会住在牲畜圈棚的隔壁，卫生条件比较差。

庄园的居民均为领主的佃户，佃户的基本义务是为领主提供劳役；另外，佃户可以独立耕作份地，维持生活。

当时，欧洲人引进了新的农作物物种，不断开垦新的农田，农业水平有所提升。与同时期的东亚和南亚作比较，西欧地区的种植业相对落后，但养殖业比较发达。一天之中，平民百姓通常在早上和下午吃饭，他们的两餐食物以谷物和蔬菜为主，很少有肉类。

中世纪的西欧庄园通常彼此相接，形成由十几户至上百户人家组成的村落。百姓在村落中心举办集市，交换粮食作物和生活物品。村落之外是森林或荒地，人们会在那里砍伐树木来建造房屋，捡柴火以烧饭取暖，以及放牧。

贵族不需要上缴赋税，但农民的赋税很沉重，不仅需要向领主交地租，还要向教会缴纳"什一税"（税额常超出纳税人收入的十分之一）。在中世纪早期和中期，西欧的商业不发达，人们很少使用货币，所以上缴赋税不是出钱，而是交出粮食等物资。

中世纪的基督教教会拥有土地，神职人员修建了一些修道院。在自然灾害或其他灾难发生时，平民可以在修道院避难，穷人还能在那里领取食物或洗澡。在基督教中，婚姻是神圣的，婚礼是圣礼之一，因此人们会在教堂里举行婚礼仪式。婚礼当天，新婚夫妇的亲朋好友会到场庆贺，见证婚姻的缔结。

在平民家庭中，农村的孩子平日里放牛或放羊，城市的孩子则会跟随父母劳动，并在 12 岁左右时外出做学徒。当时，修道院开设的学校分为两种：一种是培养神职人员的学校，

学生是教士或修女；另一种是教授阅读、写作、算术等知识的学校。总体来说，生活在中世纪西欧的人们大多不识字，贵族阶层也多是文盲。

西欧中世纪被人们称为文化上的黑暗时期。在教会的控制下，文学、艺术、哲学等都成了宗教的婢女，这大大限制了西欧的文化发展。

中世纪早期和中期，西欧的医学发展水平不高。中世纪晚期，人们从阿拉伯帝国带回了先进的医疗方法，提升了本土的医学水平。

城市再次兴起

中世纪中期，西欧人在城堡之外发展起新的城市，生活在城市中的百姓不属于国王、领主、骑士和农民中的任何一个阶层，而是新兴的市民阶层。

中世纪早期，人们过着自给自足的庄园生活，对贸易的需求并不强烈。随着庄园制度的没落和瓦解，越来越多的农民逃出庄园去城市寻找生存机会。其中一部分农民来到交通便利的城市中定居，转变为商人。那时候，

▼波兰马尔堡

欧洲人常说"城市的空气使人自由"，意思是城市远离领主，那里的商人不受领主管理和制约。

中世纪的一些城市并非建立于当时，而是从罗马帝国时代或更久以前的军事要塞或商贸中心发展而来。比如，巴黎是高卢地区的要塞，伦敦是不列颠群岛的要塞。

中世纪的西欧，每个城市人口数量一般不超过 5000 人，巴黎等大城市的人口数量在 5 万以上。同一时期，中国开封的人口数量约有 100 万。许多城市积极吸引外来人口，希望能促进经济的发展。一些没有自由的农奴由此进入城市，只要他们定居的时间超过 1 年零 1 天，领主便无权强迫他们重新变成农奴。12 世纪以后，欧洲城市发展繁荣。

后来，意大利半岛上的几座城市发展为独立的城市共和国，其中以北部的威尼斯共和国和中部的佛罗伦萨共和国最为著名。

◀ 中世纪的烤面包师及学徒

威尼斯共和国

687 年，威尼斯共和国建立，建国初期隶属于拜占庭帝国，10 世纪末获得独立。当地的地理条件和自然环境不适合发展农业，所以人们通常用海上贸易的方式换取生活必需品。威尼斯共和国有许多艘大型商船，商人们航行的目的地不局限于地中海沿岸，还包括世界上其他地方的港口城市。

为了方便贸易，威尼斯共和国铸造了大量的"杜卡托"金币，这种金币是中世纪后期欧洲最通行的货币。

在威尼斯共和国之内，百姓希望解决北方外来民族入侵的问题，于是修建了纵横交错的运河及支流作为障碍。出于这一原因，人们把那里称作"水城"。14 世纪，威尼斯共和国发展到最强盛的时期，成为西欧地区最大的城市之一。当地人口数量超过了 10 万，手工业和商业发展兴盛，其中以纺织业和玻璃制造业最为发达。

建国初期，所有政治和行政事务掌握在"大议会"（由 480 名成员组成）手中。由于大议会的成员太多，办事效率不高，所以人们通过选举的方式建立了人数较少的"小议会"（由 6 名成员组成）。小议会与总督共同行使行政权。

另外，威尼斯共和国建立了强大的海军，曾经多次战胜拜占庭帝国的军队。

▲ 杜卡托金币

佛罗伦萨共和国

佛罗伦萨共和国地处意大利半岛的中部，原为罗马帝国的一个殖民点，1187年获得自治权，成为独立的城市共和国。

佛罗伦萨共和国的商业、手工业逐渐兴盛，尤其是毛纺织业最为发达，人们继而发展起金融业。中世纪晚期，佛罗伦萨出现了许多家银行，当地发行了流通于西欧各国的"弗罗林"金币。

13世纪初，由银钱商和纺织业主控制的行会组织出现。其中7个行会比较大，包括羊毛商、丝绸商、呢绒场主、毛皮商、银钱商、律师、医生；14个行会比较小，包括铁匠、泥瓦匠、鞋匠等。它们不仅控制佛罗伦萨共和国的经济，还直接掌握城市政权。

这里还是欧洲文艺复兴的发源地和中心，诗歌、绘画、雕刻、建筑、音乐等均有突出成就。

▲ 七大行会会徽

结语

3 世纪，罗马帝国陷入长期的政治、经济大危机，史称"3 世纪危机"。395 年，罗马帝国分裂为东西两部分，西罗马帝国于 476 年覆灭。

中世纪始于西罗马帝国的灭亡，终于 15 世纪末大航海时代，其间历史有千年之久。

中世纪早期，基督教地位提升，城堡代替城市成为社会中心；中世纪中期，世界上出现了第一所真正的大学；中世纪晚期，欧洲城市再次兴起。中世纪一方面承接了欧洲古典文明，另一方面教会垄断知识，以"异端"罪名禁锢科学，限制了文学、艺术、哲学的发展。

中世纪的西欧地区先后建立起多个政权，其东部的拜占庭帝国延续了 1000 多年。

第二章

阿拉伯文明的黄金时代

阿拉伯帝国的建立与发展

阿拉伯半岛的
自然条件和文化环境

阿拉伯半岛位于亚洲和非洲相连接的地带，6 世纪末 7 世纪初，那里生活着许多游牧部落。阿拉伯半岛的地理环境十分特殊，绝大部分为沙漠和草原地带。阿拉伯半岛大部分地区属于亚热带和热带沙漠气候，干旱少雨；南部有少量河流，当地人利用水利设施发展农业。当地很多部落生活在气候干燥炎热的地方，人们赶着骆驼等牲畜不断迁徙，寻找有水草的栖居地。

阿拉伯半岛的农业发展条件有限，但商业发展优势显著。它的海岸线很长，商人们去往欧洲、非洲和其他亚洲地区都比较方便。出于这种原因，阿拉伯人多以长途贸易为生，靠骆驼和商船来往于东西方各国。

陆上贸易方面，阿拉伯人的商队往返于东部的伊朗、印度，西部的拜占庭帝国，以及地中海沿岸等地，贩卖各地物产。海洋贸易方面，阿拉伯人的商船向东去往印度和中国，向西到达欧洲南部和北非。随着贸易逐渐繁荣，麦加成为阿拉伯半岛的经济文化中心。

自美索不达米亚文明兴起到6世纪末，阿拉伯半岛的周边地区有多个文明兴起又衰落，居住在阿拉伯半岛北部和中部的人以部落为单位过着游牧生活。直至7世纪在阿拉伯半岛上才形成统一国家。不过，阿拉伯帝国建立后的发展速度极快，100多年后就成了地跨亚、欧、非三大洲的强大国家。

阿拉伯半岛的各部落是如何统一的，阿拉伯帝国又是怎样建立的呢？这一切都跟穆罕默德和他创建的伊斯兰教有关。

穆罕默德与伊斯兰教

穆罕默德（约570—632年）生于麦加一个没落的商人贵族家庭，出生前丧父，6岁丧母，由祖父和伯父抚养长大。穆罕默德25岁时跟当地一位富裕的女性成婚，30岁时靠经商获得大量财富。到了40岁左右，穆罕默德把全部精力投入到了宗教信仰上。

当时，阿拉伯半岛的各部落常常为争夺水源和牧场发生战争，人们信仰不同的宗教，其中一些同时信奉多位天神。经过对宗教信仰的思考，穆罕默德相信世界上唯一的真神是"安拉"，由此创建了伊斯兰教。穆罕默德的家人、朋友和麦加当地的一些百姓接受了他的宗教思想，成为信仰伊斯兰教的人——"穆斯林"。在阿拉伯语中，"伊斯兰"的意思是"和平"和"顺从"，在宗教上专指顺从真主安拉的意志；"穆斯林"的意思是顺从安拉的人。

▲ 阿拉伯人的商队

穆罕默德原本在麦加传扬教义，但他遭到了一些当地传统势力的反对。于是，他被迫前往麦地那继续从事宗教活动，并在那里制定了穆斯林的日常行为规则和法律。

经过多年发展，穆斯林群体不断扩大，穆罕默德积蓄起了足够的力量。630年1月，穆罕默德率领1万人向麦加进发，以和平的方式征服了那里。穆罕默德宣布麦加是伊斯兰教最神圣的地方，随后他去往其他地区活动，进一步终结了各部落的混乱与战争，在阿拉伯半岛建立起以伊斯兰教为核心的统一国家。

阿拉伯帝国的建立与扩张

632年，穆罕默德逝世，阿拉伯半岛大体归于统一。穆罕默德从未把自己看作国王，因此没有指定继承人。经由穆斯林的推选，穆罕默德的好友和岳父艾卜·伯克尔（573—634年）成为继任者，他和后来的领袖都被称作"哈里发"。哈里发的意思是继承者，通常表示"真主使者的继承人"。

哈里发既是帝国的统治者，也是穆斯林的宗教领袖，同时掌握着政治、军事和宗教三项权力。

艾卜·伯克尔统治时期，阿拉伯帝国向拜占庭帝国、波斯萨珊王朝发起全面进攻。阿拉伯人因共同的信仰凝聚在一起，并且有很强的沙漠作战能力，因此在战争中多次获得胜利。

艾卜·伯克尔及后来的3任哈里发都由穆斯林公社以协商、选举的方式产生，他们统治阿拉伯的时期被称为"四大哈里发时期"。

四大哈里发时期过后，穆阿维叶（约602—680年）以大马士革为首都，建立了倭马亚王朝。当时，穆斯林一般穿着白衣，崇尚白色，所以中国史书将这一时期的阿拉伯帝国记载为"白衣大食"。

倭马亚王朝时期，阿拉伯人征服了中亚广大地区和南亚次大陆北部、广大北非地区，以及西欧的西哥特王国（今西班牙地区）。此外，阿拉伯帝国和拜占庭帝国之间长期交战。到8世纪前半叶，阿拉伯帝国的疆土横跨欧、亚、非三大洲，是当时世界上领土最大的帝国。

阿拉伯帝国的政治和经济

阿拉伯帝国的政治

随着疆土逐步扩张，阿拉伯帝国吸收了波斯和拜占庭帝国等地的政治文明，创建起本国的中央集权政治制度。

穆阿维叶登上哈里发宝座后，废止了哈里发的选举制度，实行世袭的君主制。中央政府掌握军事、政治和税收等权力，并且设置了专门的宗教官职。在地方行政区，中央派遣到当地的官员管理各类事务。

倭马亚王朝后期，统治者十分残暴，引起了被征服地区的反抗。750年，阿拔斯家族结束了倭马亚王朝的统治，建立起阿拔斯王朝。由于阿拔斯王朝崇尚黑色并采用黑色旗帜，所以中国史书称其为"黑衣大食"。

阿拔斯王朝的前期至中期，阿拉伯帝国和平稳定，文明也步入了黄金时代。当时，阿拉伯帝国的文化发展达到高峰，对东西方文明产生了积极影响。巴格达是阿拔斯王朝的首都，这座城市人口众多，商业繁荣，与中国的长安和拜占庭帝国的君士坦丁堡齐名，是当时最大的都市之一。

阿拔斯王朝的经济繁荣是建立在对各族人民残酷剥削和专制统治的基础上的。9世纪中叶以后，人民起义不断，封建割据严重，导致阿拉伯帝国日趋衰落。1258年，蒙古人攻陷巴格达，阿拉伯帝国灭亡。

阿拉伯帝国的经济

随着疆土逐步扩张，阿拉伯帝国的耕地面积大幅提升。百姓非常重视农业，他们种植多种多样的作物，比如水稻、大麦、小麦等粮食作物，茄子、菠菜等蔬菜，椰枣、橄榄、桃、李等水果，以及棉花、亚麻等经济作物。有人把种植经验总结为著作，将农业技术普及到整个帝国。

在阿拉伯文明的辉煌时期，巴格达和大马士革人口众多，商业繁荣，手工业发达。阿拉伯人纺织亚麻布和棉布，制作绒毯、玻璃、皮革、珠宝等手工制品，商人把多种物产贩卖到国内外各地。另外，阿拉伯帝国盛产黄金、白银、铜、铁等金属矿物，各类金属既是贸易商品，又能用以铸造货币。

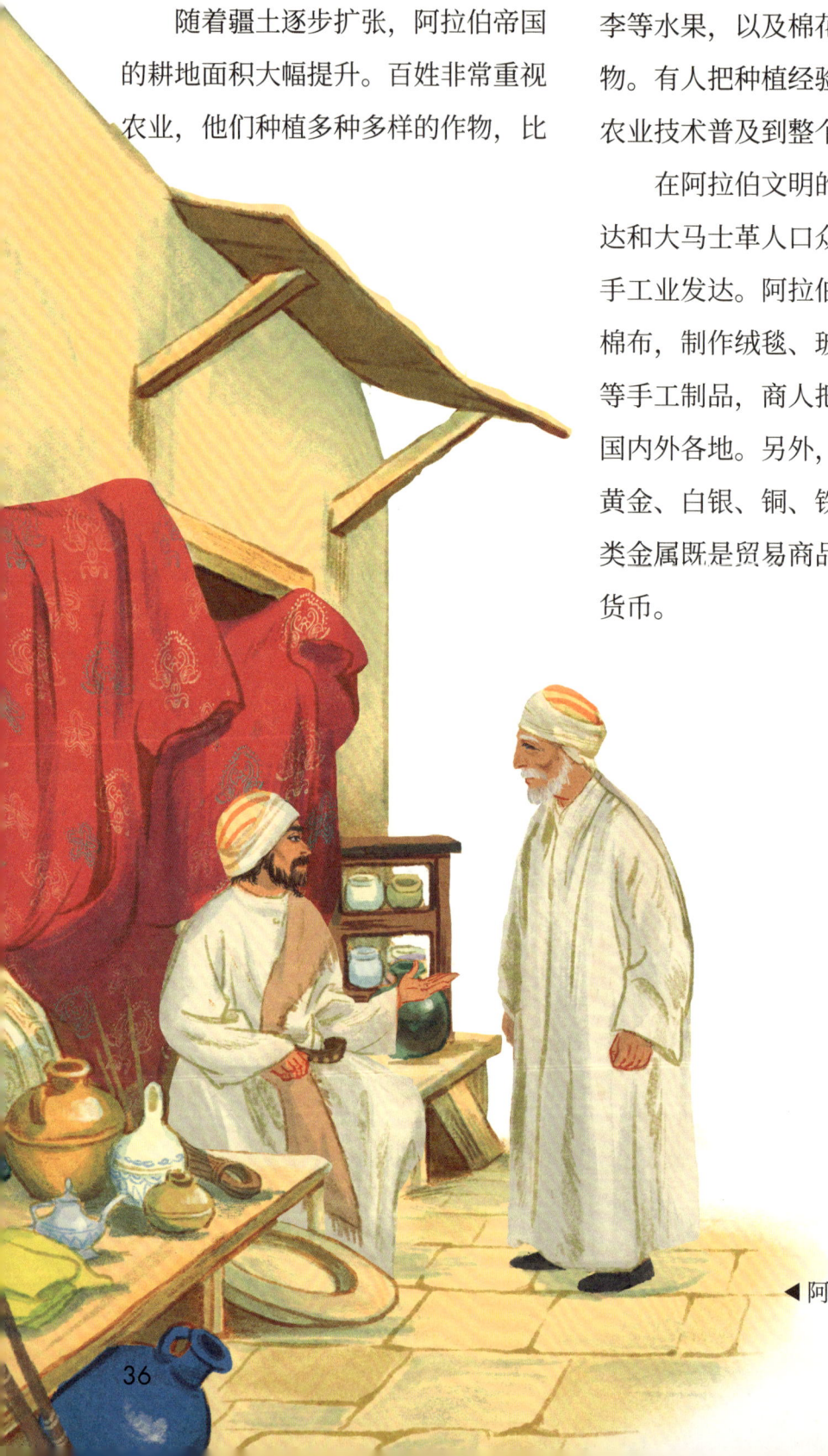

◀ 阿拉伯人售卖布匹

阿拉伯帝国的文化

阿拉伯帝国有一句古老的谚语："学问虽远在中国，亦当求之。"在古代，阿拉伯人认为中国是最遥远的地方，所以这句话的意思是，无论求得学问有多困难，人们都应该努力去争取。

8 世纪中叶，阿拉伯帝国曾与唐朝就疆土边界问题发生战争。在怛（dá）罗斯战役中，阿拉伯人了解到中国的造纸术，造纸术正式传入阿拉伯帝国。另有一些学者有不同的观点，他们认为早在双方发生战争之前，阿拉伯人就已经从中亚地区学会了中国的造纸术。

造纸术首先在撒马尔罕兴起，之后逐渐传入巴格达、大马士革，又传到埃及、摩洛哥和西班牙，直到传入整个欧洲。阿拉伯帝国生产的纸张远销欧洲。

▲ 阿拉伯人正在造纸

阿拉伯帝国的科学技术

在帝国疆土扩张的过程中，阿拉伯人不断将其他地区的著作典籍翻译成阿拉伯文，其中包括亚里士多德和托勒密等学者的著作。阿拉伯人尤其看重科学技术，他们积极吸收外来学说，本土文明也因此发展繁荣。

8世纪末，阿拉伯帝国的波斯地区出现了一位了不起的学者——花剌子米（约780—约850年）。作为阿拉伯文明黄金时代的全才学者，花剌子米在数学、天文学、地理学等学科领域都做出了杰出贡献。

数学方面，花剌子米在代数和三角学领域都有所成就，编著了《代数学》等书籍。他在著书时借鉴了印度数字标识符，并将其改造为我们现在使用的"阿拉伯数字"。

天文学和地理学方面，花剌子米继承并发展了托勒密的研究。他制定的《印度天文学表的计算》后来被英国人译成拉丁文，成为东西方各种天文表的蓝本。

阿拉伯帝国的其他天文学家同样成就非凡，他们大多集中在巴格达、开罗和西班牙等地，形成了不同的学

▲ 花剌子米

术派别。大约828年，巴格达天文台成立，它是当时世界上规模最大、设备最先进的天文台。

阿拉伯帝国的天文学家还制造了很多比较精密的天文仪器，如天球仪、地球仪、星盘仪、观象仪、象限仪（测量天体高度的仪器）等，这些仪器直到16世纪还在被欧洲人使用。

化学是自然科学中的一门学科，在17世纪中期以前，这一学科的发展处于萌芽阶段。贾比尔·伊本·哈扬记录了许多化学物质的提炼方法，被一些学者称为"化学大师"。

物理学领域，阿拉伯科学家继承了古希腊的科学成果，在光学方面有所突破。

医学领域，阿拉伯医学家对世界医学做出了卓越的贡献。在阿拔斯王朝时期，阿拉伯帝国有 30 多所医院，医院中出现了药房和为妇女特设的病房。政府对医生和药剂师的要求非常严格，他们必须经过考试且成绩合格才能从业。著名的临床外科专家拉齐斯（865—925 年）是外科串线法的发明者，伊本·西拿（又名阿维森纳，980—1037 年）所著的《医典》是代表了当时世界上最高水平的医学著作。

总体来说，阿拉伯人推动了世界文明的进步，为后来的欧洲文明提供了丰富的学说资料及研究方法。

▼ 阿拉伯人进行科学研究

阿拉伯帝国的文学

阿拉伯帝国形成以前的文学体裁多是谚语、诗歌和故事，语言简洁明快，通俗易懂。阿拉伯帝国形成以后，人们更多地书写文字优美的散文作品。

其中，《一千零一夜》（又名《天方夜谭》）这部阿拉伯故事集，是世界上最著名的文学作品之一。

小知识

《一千零一夜》

《一千零一夜》来源于阿拉伯、伊拉克、印度等国的民间故事，其中第一篇是《国王山鲁亚尔和宰相女儿山鲁佐德》，交代了故事集的由来。

相传，古时候有一位国王非常残暴，他每天都要娶一位少女，第二天早上就将其杀掉。宰相的女儿山鲁佐德希望拯救无辜的少女，于是自愿嫁给国王。从此以后，山鲁佐德每夜都会给国王讲故事，每当讲到精彩的地方，她就会停下来，第二天再讲。国王好奇故事的下文，所以不忍心杀死山鲁佐德。国王每个夜晚都在听山鲁佐德讲故事，持续了很久很久，他因此受到了感动，决心与她白头偕老，不再残害百姓。

《一千零一夜》中还有许多著名的故事，比如《阿拉丁和神灯》《阿里巴巴和四十大盗》《辛巴达航海历险记》等。

这本故事集为什么叫"一千零一夜"呢？

按照阿拉伯人的语言习惯，100或1000之后加上1，可以表示数量很多，所以"一千零一夜"指的不是1001个夜晚，而是很多个夜晚的意思。《一千零一夜》里包含100多个大故事，而大故事里又有许多小故事。通过赏读这些故事，我们能够了解阿拉伯和其他一些亚洲国家的风土人情。

▲ 山鲁佐德给国王讲故事

▲阿拉伯学者

阿拉伯人整理、翻译和改编了许多其他国家的学科著作。阿拉伯帝国第一位哲学家是金迪（801—873年），他把希腊的哲学家介绍到了本土，并试图把亚里士多德和柏拉图的哲学思想同伊斯兰神学加以糅合。

当时的首都巴格达聚集了一批专业的翻译人才，并创立了一所规模宏伟的学术研究中心——智慧宫。当时的统治者组织人们翻译希腊哲学著作，并且用与译稿重量相等的黄金来支付薪酬。实际上，一些古希腊哲学著作曾在欧洲失传，后来欧洲人正是通过阿拉伯语译本，重新了解到先哲们的思想。

结 语

阿拉伯半岛上生活着众多游牧部落，由于耕地比较少，许多人以贸易为生。7世纪初，穆罕默德开创伊斯兰教，建立了以宗教为核心的统一国家。到了8世纪前半叶，阿拉伯帝国发展为地跨亚、欧、非三大洲的强大国家。

在阿拉伯文明的黄金时代，阿拉伯帝国的经济、贸易、文化发展迅速。在数学、天文学、化学等领域，众多阿拉伯学者继承并发展了古希腊和古罗马的研究成果，推动了世界文明的进步。文学方面，阿拉伯故事集《一千零一夜》想象丰富，描写生动。哲学领域，阿拉伯学者继承了古希腊先哲的哲学思想。

第三章

印度文明的发展

南北分立的印度

印度北部

公元 3 世纪以后，贵霜帝国走向衰落，南亚次大陆西北部和北部地区分裂成许多小国。4 世纪初，旃（zhān）陀罗·笈多一世建立了笈多王朝。

在超日王（即旃陀罗·笈多二世）统治期间，笈多王朝统一了南亚次大陆北部地区，此时政治稳定，经济繁荣。到了 540 年左右，笈多王朝走向瓦解，南亚次大陆北部地区再度分裂成多个小国。

笈多王朝统治时期，佛教和印度教得到了进一步发展。中国高僧法显在此时游历印度，写下著作《佛国记》（又名《法显传》）。

612 年，戒日王（曷利沙·伐弹那，590—647 年）建立起曷利沙帝国（又名戒日帝国），这一政权仅持续了 30 多年，但是留下的历史资料比较丰富。曷利沙帝国疆土辽阔，社会稳定繁荣。全球各地的许多学者、艺术家和宗教人士慕名而来，在当地开展交流和研讨活动。

唐朝高僧玄奘（602 或 600—664 年）曾去往印度修习佛法，得到了戒日王的热烈欢迎和友好接待。《大唐西域记》中详细记录了有关印度的种种信息。根据该书记载，戒日王善待百姓，乐善好施，是一位英明且仁慈的统治者。

戒日王统治时期，继续向南征讨扩张，企图征服南印度和周边小国，完成南亚次大陆的统一霸业。647 年，戒日王去世，曷利沙帝国瓦解，南亚次大陆北部再度陷入分裂的局面。

同一时期，阿拉伯帝国发展强盛，向东入侵南亚次大陆。起初，阿拉伯人只是在南亚次大陆掠夺财富，没有发动大规模征服战。到倭马亚王朝时期，阿拉伯大军攻入印度河流域，征服了南亚次大陆西北地区。当地人没有信奉伊斯兰教，而是坚持信奉印度教，佛教和其他宗教的发展受到了一定的阻碍。

阿拉伯帝国征服南亚次大陆西北部之后，许多伊斯兰商人前往那里开展贸易活动。其中一些商人在那里定居，不再返回故乡，他们将伊斯兰教传播开来。

962 年，以游牧为生的突厥人在阿富汗地区建立了伽色尼王朝。11 世纪初，王朝统治者马默德（约 971—1030 年）发起战争，攻占了伊朗东部和印度西北部的大部分地区。马默德是一位野蛮的军事家，但他同时也是科学文化的提倡者，在印度被征服的地区建造了壮丽的清真寺。1186 年，伽色尼王朝被古尔王朝所灭。

1206 年，古尔王朝发生分裂，德里苏丹国的统治从此开始，这个政权逐步扩张到南亚次大陆的南部，持续了 300 多年。德里苏丹国的统治者持续推行伊斯兰教，同时资助本土的文化艺术发展。

▲ 摩诃菩提寺

《西游记》唐僧的原型——玄奘

《西游记》是明朝文学家吴承恩（约1500—约1582年）的长篇小说，书中讲述了唐僧师徒四人西行取经的故事。实际上，唐僧的原型正是历史上的高僧玄奘。吴承恩在创作这部小说时，在一定程度上参考了玄奘的经历及著作。

《西游记》里的唐僧收了孙悟空、猪八戒、沙和尚三个徒弟，还有一匹白龙马相伴。师徒几人不畏艰难险阻，一路上斩妖除魔，最终抵达西天取得真经，随后返回大唐都城长安。

那么，历史上的玄奘又是如何西行取经的呢？

历史上的高僧玄奘并没有徒弟做伴，而是随商人一起踏上了旅程。他在途中所遇到的阻碍多出于陌生的环境，而非妖魔鬼怪。

佛教在汉朝时期已经传入中国，玄奘为何还要到印度去学习呢？

佛教经文由印度梵文写成，自汉朝到唐朝，人们在翻译和理解的过程中形成了不同的说法。许多唐朝僧人都希望前往印度了解佛经的真实意思，但踏上旅程的人少之又少。玄奘克服艰难抵达印度之后，并不是立即带着经书返回长安，而是一直在当地生活了14年。在当时，印度的那烂陀寺举世闻名，来自世界各地的佛教教徒都前去求学，玄奘正是其中最著名的僧人之一。

▲ 玄奘负笈图

根据史书记载，玄奘西行5万里，途经110个国家，带回佛教著作657部。此外，他在异国他乡不断地传播大唐文化，并通过口述西行见闻由弟子编成《大唐西域记》，为唐朝人介绍了100多个国家和城邦以及不同的民族。

在唐朝之前，人们多称南亚次大陆一带为"身毒"或"天竺"。我们现在将当地称作"印度"，正是源于《大唐西域记》中的相关记载。

▲ 朱罗国湿婆舞王像

印度南部

印度南部有许多规模不大的王国，那里没有受到伊斯兰文化的影响，长期发展传统的印度文化。在众多小国之中，朱罗国和维查耶纳伽尔王国的实力较强。这两个政权在强盛时期控制了大片土地，到了衰弱时期则变成小规模城邦。

自贵霜帝国之后的千年历史中，印度南、北两地长时间各自为政，始终没有建立起像中国、罗马或阿拉伯一样的中央集权国家。在印度不断更替的众多王朝与国家中，北部的德里苏丹国统治时期比较长，鼎盛时期的疆土也相对辽阔，但这一政权的统治者对地方的控制力有限。另外，百姓通常依靠贸易和印度文化来维持社会关系，政权更替给他们带来的影响比较小。

▼ 那烂陀寺遗址

印度的经济和贸易

印度的封建制度萌芽于笈多王朝时期，在曷利沙帝国时期最终得到确立，并取得长足发展。从 1000 年到 1600 年，印度人口众多，经济强盛，与同一时期的中国发展情况类似。不过，中国人更看重农业的发展，印度人则同时看重农业、手工业和商业三种产业的发展。

印度百姓拥有大量适合耕种的田地。北部恒河和印度河沿岸土地肥沃，水源充足，为发展农业带来了有利条件。南部是一个多山的半岛，属于热带季风气候，半岛的沿海平原春、夏两季多雨，有利于作物生长；秋、冬两季干旱，有利于农民收割。印度人还修建了很多大规模的水利设施，可以把雨季时过多的雨水积攒起来，到了旱季时使用。

印度的政权更替比较频繁，但是这种情况没有影响到贸易发展。印度贸易可以分为印度本土的贸易，以及印度和其他国家之间的贸易。

南亚次大陆之内，各地区的农作物和生活用品可以满足本地人的需要，因此商人们主要贩卖金属、矿物和香料等商品。比如，恒河下游有铁矿，而其他地区缺少这类矿藏，商人们由此发展起铁矿贸易。

▶ 恒河边的印度女性

印度与其他国家和地区之间的贸易往来十分频繁，印度沿海有许多港口城市，是海上丝绸之路的中转站。印度商人不仅贩卖本土的棉纺织品、香料和糖等物产，还会把进口自中国的丝绸、瓷器等商品贩卖到西方。

7世纪到13世纪，中华文明和阿拉伯文明都处于黄金时期，亚洲、非洲东部和地中海沿岸之间的贸易发展兴盛。印度地处中国和阿拉伯帝国之间，成为两国贸易的纽带。

随着海上贸易日益繁荣，印度的造船业也得到了发展。从1000年到1500年，印度人的船舶制造技术逐步提升，工匠造出的商船能运载大量货物，航行时更加安全。

结 语

自贵霜帝国走向衰落后，南亚次大陆上先后出现了众多小国。

在北部地区，实力较强的政权主要有4世纪建立的笈多王朝、7世纪建立的曷利沙帝国、10世纪建立的伽色尼王朝，以及13世纪建立的德里苏丹国。在曷利沙帝国时期，唐朝高僧玄奘曾去往印度修习佛法，并通过口述把西行见闻编为《大唐西域记》。

在南部地带，实力较强的王国主要有朱罗国和维查耶纳伽尔王国。

南亚次大陆这一时期虽然没有建立统一的政权，但当地经济并没有受到政权更替的影响。印度农业发展繁荣，商业贸易兴盛，经济比较发达。